TERROR SUEBORUM

Ein Spiel nach Caesars Bellum Gallicum I 39-41
von Wilhelm Kuchenmüller

Den Keim zu diesem Dramation legte Cäsar selbst. Als wir das köstliche 39. Kapitel des 1. Buches lasen, es war am Stuttgarter Hölderlin-Gymnasium, merkten wir den Wink des geistreichen Verfassers: Dramatisiert doch selber zu Ende und führt es auf! Das taten wir, zur Freude von Spielern und Zuschauern. Daß wir ein paar Anachronismen und Aktualitäten hineinmischten, nahm uns niemand übel, im Gegenteil. Sollten wir altmodischer sein als Cäsar?

Freilich darf man diese Gewürze nicht übertreiben, sonst leidet der Genuß, und das Eigentliche verliert. Aus dem Dramation mache man keine Posse, keine Alberei. Cäsar bleibe Cäsar, auch wenn er sich rasiert, und Aulus sei wirklich Aulus. Aber auch das Gegenteil gilt es zu vermeiden, Lateinkenntnisse mit verteilten Rollen aufzusagen. Alles will zum Ausdruck kommen wie in der eigenen Muttersprache, also muß alles von vornherein ganz und gar verstanden sein. Da aber lateinisch gesprochen wird, muß mit romanischer Natürlichkeit und Deutlichkeit gesprochen werden. Die Gebärdensprache darf nicht zu kurz kommen, schon um ungeübten Lateinern das Verstehen zu erleichtern. Für die Nanno rufe man in Jungenklassen, falls der geeignete Künstler fehlt, ein gewandtes Mädchen zu Hilfe. Fehlt in einer Mädchenklasse die souveräne imperatrix, leihe man sie sich aus.

Der eigentliche Held, Ariovist, darf nie vergessen werden, besonders in der 1. Szene, die bei allem Betrieb Mitte und Entwicklung behalten muß. Im übrigen sei es jeder Spielgruppe überlassen, wie sie's im einzelnen macht, was sie bekräftigt und ergänzt.

Personae

C. Iulius Caesar
T. Labienus legatus
Q. Pedius } *centuriones*
Aulus Lepidus }
Milites
Nanno, Caesaris secretaria
Interpres
Mercatores, Lixae, Equus

Res aguntur ad Vesontionem anno a.Chr. n. 58

Scaena prima

Ante portam castrorum in parte posteriore est tabula pronuntians:

TESTAMENTA OPTIME SCRIBIT CALLIGRAPHOS ATHENIENSIS

Milites, mercatores, centuriones, lixae

Mercator A: Soleae Gallicae! Soleae Gallicae! Tribus denariis!
Miles: Duobus!
Mercator A: Tribus denariis!
Mercator B: Galli Gallici! Gallinae Gallicae!
Mercator C: Cerevisia Bavarica! Parvi pretii, saporis optimi!
Mercator A: Bracae Suebicae! Primariae! *ostendit ingentes bracas*
Centurio: Mox videbimus Suebos ipsos.
Miles: Curnam tabula demitur?
Centurio: Quia totis castris atramentum totum consumptum est.
Miles Proin testamenta testis insculpentur, sicut Romuli temporibus.
Centurio: Non tam atramentum in castris consumpta quam virtus.
Mercator C: Emite glaesum, glaesum vere Goticum! Ornamentum magnificentissimum!
Centurio: Puella mea avidissima est glaesi. Heus tu, quanto vendis?
Lixa: Respira paulum, bibe Coca Cola!
Centurio: Praefero vinum Falernum.
Lixa: Acta diurna! Acta diurna! Omnes homines legunt BILD, novissima novissimorum! Clodius stuprat Vestalem! Clodia nonvult nubere Catullo poetae! Roma exspectat novas victorias Caesaris!
Mercator: Comae Suebicae –
Centurio: In Provincia tinctae –
Miles *ad mercatorem:* Tune Suebum – merum et verum – vidisti?
Mercator: Multos! Saepissume! Cave Suebos!
Miles: Cur cavendi sunt?
Mercator A: Immanes sunt velut ursi! Et vehementer validi! Vidi Suebum cum urso luctantem – gulam eius fregit velut culmum.
Mercator B: Et saxa iactant in immensum, maxima
Lixa: Respira paulum, bibe Coca Cola!
Miles: Cedo Coca Cola!
Mercator: Cave, inquam, Suebos! Ne vultum quidem et aciem oculorum ferre potui. Haud spectant illi, fulgura mittunt.
Milites suppressa voce collocuti paulatim discedunt in tabernacula.

Mercator A: Cur, hercle, hoc blaterasti? Stultissime! Omnem quaestum mihi corrupisti!

Mercator B: Et tu lucrum meum! Cur ista mendacia protulisti de urso, cuius gulam fregit Suebus velut culmum?

Scaena altera

In praetorio – in angulo mons testamentorum.
Nanno scribit machina, Aulus iuxta stat tacens.

Nanno: Aule! *manum ei dat, quam ille osculatur*
Aulus: Nanno!
Nanno: Carissime! Mi Aulule!
Aulus: Carissima!
Nanno: Da mi basium! Ehem! Quid est? Non laetus es?
Aulus: Qui possum laetus esse, Nanno, in limine Orci!
Nanno: In limine Orci – apud Nanno tuam?
Aulus: Non audivisti novissima?
Nanno: Quae sunt novissima?
Aulus: Germani- – Suebi ...
Nanno: Etiam Aulus meus fortissimus horret Suebos?
Aulus: Nonne audivisti, quod omnes mercatores narrant?
Nanno: Quis curat, quae mercatores blaterent?
Aulus: Ergo nil curas, utrum vivam an moriar!
Nanno: Confusus es, dulcissime! Quidnam narrant mercatores?
Aulus: Ingentes esse Suebos, immanes, invictos ...
Nanno: Centurio Romanus es, Aule. Centurio Caesaris!
Aulus: Amare te volo, non trucidari a Germanis, postquam aegerrime gladios Helvetoirum effugi. Si me amas, Nanno, mihi succurres!
Nanno meditata: Ni te plus oculis meis amarem – scio, opinor, viam salutis...
Aulus: Nanno! Loquere, obsecro!
Nanno: Scribam litteras, a patre tuo ad te datas. Pater tuus, consularis amplissimus et Caesari amicus, iubet te confestim domum redire, quoniam ... quoniam ...
Aulus eam amplexus: Per-bene! Nanno, mea vindex divina!
Nanno: Illico scribam. Tu speculator sis! *Aulus abit.*
Quot epistulas istius modi heri et hodie falsavi?

Scaena tertia

Caesar tunicatus – barbam rasurus genas spuma oblevit.

Labienus cum legato Ariovisti, cuius oculi obligati sunt, Pedius cum interprete, qui epistulam manu tenet. Fascia demitur.

Labienus: Haec epistula Ariovisti modo allata est.
Caesar: Tandem! Cedo!
Interpres: Sermone Suebico est conscripta, difficillima et lectu et in Latinum versu.
Caesar: Vertas quam accuratissime. Res gravissimae aguntur. Interim me radam.
Interpres: I dank der schee, Julius, fir dei Eiladung zum Mitenanderschwätze –
Gratias tibi ago, Iuli, quod me invitasti ad colloquium –
Aber schau, Julius, wenn i was von dir will, no komm i zu dir –
sed videas, Iuli, si ego tui indigebo, veniam ad te –
wenn du ebbes von mir willsch, muesch halt zu mir komme –
sin tu me quid vis, te ad me venire oportet –
Pedius: Impudentissimus! *Caesar abnuit, se radere pergit.*
Interpres: Ibrigens: Was hoscht du oigetlich i moim Gallien verlore? –
Ceterum quid tibi tandem in mea Gallia negotii est –
Labienus: Tolerari non potest ...
Interpres: Sei doch it so dumm!
noli tam insipienter agere! –
Gang doch hoim nach Rom zue Weib und Kind! –
domum redeas ad uxorem liberosque tuos –
I hau moine zwoi Weiber im Krieg ällewoil derbei, it umesauscht – mach's doch au so! –
me utraque coniunx in bello comitatur, haud nequiquam, quod imitari tibi suadeo –
Caesar in risum erumpens: Consilium amicissimum!
Interpres: Loss dich warne in guetem! Mit uns Suebe hot no koiner Krieg agfange, wo net saumäßig gschlage worden isch –
Pace tua te moneo neminem adhuc Suebos aggressum esse, quin – saumäßig – misserrime devictus sit.
Caesar: Contine te, Labiene. *ad puerum* Profer togam!
Interpres: Frog doch doine Häduer! Hosch nix ghert in Rom von der Schlacht bei Magetobriga anno 62 vor Chrischtus?

Age Haeduos tuos interroga! Nihilne audisti de pugna ad Magetobrigam commissa anno ante Christum sexagesimo altero?

Caesar abnuens: Satis est. Respondebo Ariovisto, non litteris. *genas odoribus imbuit* Labiene, omnem exercitum curabis convocandum prima luce. *Interpres et legatus abeunt.*

Labienus: Vix audeo tibi dicere ...

Caesar: Aperte dicas, quidquid te sollicitat.

Labienus: Legiones tuae horrent Suebos ...

Caesar: Inter tot milites semper sunt, qui hostem metuant.

Labienus: Nunc vero inter multos pavidos pauci sunt impavidi.

Pedius: Mercatores multos rumoribus terruerunt. Praedicabant Germanos esse ingenti magnitudine, incredibili virtute atque exercitatione in armis. Ne vultum quidem eorum atque aciem oculorum posse ferri ...

Caesar: Cupidus sum Suebum aliquem vivum videndi –

Labienus: Mi imperator! Noli iocari re seria! Equidem non timeo hostes, sed timeo tibi et honori Romanorum.

Caesar: Mons iste testamentorum te sollicitat.

Pedius: Cur celemus te turpissima? Delatum est ad me – vae, pudet dictu – multos milites dicto non fore audientes, cum iussi essent castra contra Suebos movere ...

Caesar: Hoc vellem celavisses! – Ne oblitus sis, Labiene, omnem exercitum prima luce esse convocandum! – Iam ad prandium accedamus.

Scaena quarta

In statione – nocte media

Miles cantat (modus: Steh' ich in finstrer Mitternacht)

Sub nocte media dum sto
In statione et vigilo,
Meae puellae memini – mini,
An bene fida sit mihi.

Ubi profectus sum miles,
Me basiavit centies,
Vittis ornavit pileum meum
Premens ad fidum cor suum.
Sub nocte media – au – auxilium!

fugae se mandat – caput equi apparet supra vallum

Scaena quinta

Caesar sagatus et laureatus conscendit suggestum

Caesar: Commilitones! Ante hos triginta dies plus centum milia Helvetiorum concidistis. Caedi superstites in fines suos remissi sunt. Nunc regulus Sueborum, Ariovistus quidam, nos prohibet requie merita frui. Socios nostros, amicos populi Romani, opprimit, expilat, pessumdat. Immo nos ipsos iste regulus impudentissime provocat, illudit, omni Gallia nobis interdicit.
Commilitones! Hariolatur quispiam vos horrere Germanos.

Milites: Mentitur! Mentitur!

Caesar: Cimbri germanissimi Germani sunt. At vernas Romanarum nunc videtis eos factos. Helvetii Germanos saepenumero devicerunt. Vos Helvetios funditus delevistis. Qui tandem Suebi vobis pares esse poterunt?

Milites: Nunquam! Nunquam!

Caesar: Idem nescioquis vobis turpissime maledixit, milites mei! Negavit enim vos mihi dicto audientes fore, cum iussissem ...

Milites: Mentitus est! Mentitus est! Mentitus est!

Caesar: cum iussissem castra moveri et signa in Suebos ferri. quodsi me praeterea nemo sequetur, tamen cum sola decima legione proficiscar —

Milites X. legionis: Ave Caesar imperator! Ave Caesar imperator!

Caesar: de decima nullus dubito –

Omnes milites: Omnes te sequemur! Omnes te sequemur! Omnes te sequemur!

Finis fabulae

Vocabulae

Scaena prima:

lixa Marketenderin — *solea* Sandale — *cerevisia* Bier — *sapor* Geschmack — *braca* Hose — *atramentum* Tinte — *proin* = *proinde* — *glaesum* (german.) = *electrum* Bernstein — *Goticum* die Goten wohnten östlich der Weichselmündung — *heus* he! — *Falernum* kampanischer Spitzenwein — *Acta diurna* war die von Cäsar begründete älteste Zeitung — *Clodius* berüchtigter Tribun — *stuprare* schänden — *Clodia* (*Lesbia*) Geliebte des Catullus — *merus* echt — *gula* Hals — *culmus* Halm — *cedo* her damit! — *blaterare* schwätzen

Scaena altera:

angulus Winkel — *machina* (Schreib)maschine — *osculari* küssen — *ehem* nanu! — *„ni te ... amarem"* Zitat aus Catullus — *confestim* = *ilico* sofort — *vindex* Retter(in) — *falsare* fälschen

Scaena tertia:

tunicatus im Untergewand — *radere* rasieren — *spuma* Schaum — *fascia* Binde — *interpres* Dolmetscher — *vertere* übersetzen — *insipiens* unklug — *serius* ernst — *prandium* Frühstück

Scaena quarta:

statio Posten — *modus* Weise — *basiare* küssen — *pileus* Hut

Scaena quinta:

sagatus im Kriegsmantel — *laureatus* mit Lorbeerkranz — *suggestus* Rednertribüne — *pessumdare* vernichten — *hariolari* faseln — *germanus* echt — *funditus* gründlich — *qui* wie — *fabula* Drama.

CICERO ET CATILINA

Fabellam composuit Wilhelm Kuchenmüller

Praefatio

Nec sine nonnullo sudore[1] nec sine emolumento[2] gaudioque legistis Latine, quae Sallustius suo iudicio usus de coniuratione Catilinae scripsit. Ciceronis quoque subistis fulmina ac tonitrua[3], quibus turbatorem rei publicae funditus condemnavit.

Nonne cupido vos invasit, in scaenam prodeuntes illud „facinus imprimis memorabile" ipsos agere, ipsos Catilinam, Ciceronem, Orestillam et ceteros esse?

En septem composui scaenas de Cicerone et Catilina, in quibus hae vobis obviam veniunt personae:

Sibylla
M. Tullius Cicero
Terentia, uxor Ciceronis
L. Sergius Catilina
Orestilla, uxor Catilinae
Vargunteius senator
Cornelius eques
Fulvia, Terentiae amica
Simo sutor
Lycus, civis Romanus
Gabinius legatus
Duo Allobroges
Duo Romani
Sallustius scriba
Coniurati Catilinae
Servi, servae, milites

Res aguntur Romae anno 63. a. Chr. n.

---

[1] **sūdōr**, ōris m Schweiß [2] **ēmolumentum,** ī n Gewinn [3] **tonitrua**, ōrum n Donnerschläge

Scaena prima

Ante officinam[4] *sutoriam*[5]. *Iuxta portam magna tabula cum inscriptione*: OMNES CICERONEM! NEMO CATILINAM! *In officina fremitus*[6] *servorum laborantium.*

Simo sutor (prodiens in medium):

Venerandum auditorium,
Hic Simo libertinus sum.
Erus[7] vocat me vetulum,
Sed cor mi adulescentulum
Virescit[8] mirum in modum,
Cum tango pedem feminum,
Et concutit praecordium
Ut malleus[9] corium[10] bum, bum –
Nam duplex individuum,
Et sutor et poeta sum.

Lycus (*accedit cum calceis*[11])*:* Salve Simo! Mala Tempora! Mala tempora!

Simo: Et perendie[12] erunt comitia –

Lycus: Quis consul creabitur?

Simo: Cicero. Est optimus orator –

Lycus: At pessimus imperator –

Simo. At homo integer.

Lycus: Catili –

Simo: Quod di prohibeant!

Lycus. Curnam[13] prohibeant?

Simo (*tacet laborans*)

Lycus (*dat calceos Simoni*)*:* Propediem[14] sciemus. Ego suffragabor[15] Sergio Catilinae. (*abit*)

Simo: Et ego Marco Tullio Ciceroni. Catilina Romae ruina. Tullius Romam moenibus munivit.

(*Subito animadvertit inscriptionem a Lyco clam mutatam esse. Exsilit*[16] *et corrigit:* CICERONEM! OMNES!

Accurrunt duae servulae tunicis rubris[17] *vestitae, quae Simoni proiciunt nonnullas tesserulas* CA[18].)

Simo: Quid vobis in mentem venit, infantes fatuae[19]!

(*Interea accessit Orestilla*)

Orestilla: Salve Simo! Cur adeo inveheris in servas meas?

---

[4] **officina**, ae f Fabrik [5] **sūtor**, ōris m Schuhmacher [6] **fremitus**, ūs m Lärm [7] **erus**, ī m Herr [8] **virēscere** grünen [9] **malleus**, ī m Hammer [10] **cŏrium**, iī n Leder [11] **calceus**, ī m Schuh [12] **perendiē** übermorgen [13] **cūrnam** warum denn [14] **propediem** demnächst [15] **suffragāre** stimmen für [16] **exsilīre** aufspringen [17] **ruber**, bra brum rot [18] **tesserula**, ae f Schildchen; **CA**=Catilina [19] **fatuus**, **a**, um töricht

Simo	(*dum Orestilla corrigit inscriptionem, ad spectatores*)*:* Olim mulieres Romanae toga talari[20] vestitae in publicum prodibant, nunc togula mini –
Orestilla:	Salve Simo! Quid meditaris?
Simo:	Salve domina! Quid Venus apud mortalem?
Orestilla:	Crepidas[21] emptura est.
Simo:	Pulcherrimas pulcherrimae. (*Modulum*[22] *adhibens pedem Orestillae prehensat et permulcet*[23].)
Orestilla:	Nugaris[24], Simo! Quin metiris?
Simo:	O pedicule[25]! Tu pedica[26] Simonis es!
Orestilla:	Haec quidem sura[27] est, non pediculus.
Simo:	O sura! Qualis figura! O dea Natura!
Orestilla:	Num ebrius[28] es ante meridiem, vetule? Haud longius vaco[29]. (*surgit*) Cras et crepidas meas solvam et ducentas illas caligas[30], nosti?
Simo	(*obstupescit*)[31]*:* Caligas militares? Num bellum orietur? Caligas a Catilina nuperrime emptas?
Orestilla:	Ita est. Valeas, Simo! Memento crepidas inaurare[32]! (*abit*)
Simo:	Meminero, meminero!
Serva	(*ad aurem sutoris*)*:* Aurelia Orestilla, uxor Sergii Catilinae! (*Servae abeunt*)
Simo	(*obtorpuit*[33])*:* U-xor Cati-linae ...
	(*Celeriter litura*[34] *tollit inscriptionem et restituit, deinde abit in officinam, caput scabens digito.*)

Scaena altera

	Cella subterranea, lanternis exigue lustrata[35] *Murmur coniuratorum. Catilina intrante silentium fit.*
Catilina:	Socii, sodales miseriae et rebellionis! Homo Arpinas[36] consul creatus est!
Multi:	Pereat Cicero!
Catilina:	Tempus verborum et suffragiorum praeteriit. Facinorum opus est. Quoniam multis et magnis tempestatibus vos cognovi fortes fidosque mihi, ausus sum facinus maxumum atque pulcherrumum incipere. Qualem putatis condicionem vitae nostrae fore, nisi nosmet ipsi vindicamus in libertatem? Volgus fuimus, volgus sine gratia, sine auctoritate, sine opibus, sine victu, iis obnoxii, quibus formidini essemus, nisi res publica gravissime aegrotaret.

---

[20] **tālāris**, e zum Knöchel reichend [21] **crepida**, ae f Damenschuh [22] **modulus**, **i** m Maß [23] **permulcēre**, streicheln [24] **nugāri** schäkern [25] **pediculus**, ī m *Dimin. zu* pes [26] **pedica**, ae f Fußfessel [27] **sūra**, ae f Wade [28] **ēbrius**, a, um betrunken [29] **vacāre** Zeit haben [30] **caliga**, ae f Soldatenstiefel [31] **obstupēscere** stutzen [32] **inaurāre** vergolden [33] **obtorpēscere** erstarren [34] **litūra**, ae f Überstreichen [35] **lustrāre** beleuchten [36] **Arpinās**, ātis aus Arpinum

	Quamdiu manipulamur velut muli mansueti ab istis repressoribus? Luculli, Sullae, Crassi Romae dominantur populumque Romanum expilant[37] divitias suas impudentissime[38] exaggerantes[39]!
	Iste vero homo novus Arpinas, iste garrulus[40] non modo satelles[41], sed parasitus ,,optimatium" est.
	Quid reliquere nobis, sodales? Pericula, repulsas[42], iudicia, egestatem!
Multi:	Pereant! Pereant repressores!
Catilina:	Quae quousque patiemini, o fortissumi viri? Nonne emori per virtutem praestat quam vitam mendicorum[43] tolerare? (*murmur permultorum*) Victoria vobis in manu, si expergiscimini![44] Opes dominorum erunt vestrae, si prompti estis paratique iis potiri.
Multi:	Parati sumus, Catilina!
Catilina:	Ecquis vestrum mavult servire quam imperare? – –
	Iam audite consilia mea, sodales!
	Primum: Manlius noster imperator copiis magnis hanc urbem cras mane aggredietur – (*plausus*)
	simul Allobroges, a praetoribus pseudoromanis insolenter repressi et direpti, auxilia magna miserunt – (*plausus*)
	nos vero proxima nocte hanc urbem uno eodemque tempore duodecim locis incendemus – (*plausus*)
	Cicero consul (*multi:* ,,pereat"), hostis perniciosissimus, statim e medio tollendus est. Quis vestrum tollet? – –Optimi estis: L. Vargunteius et C. Cornelius, viri manu prompti!
Multi:	Cum Catilina e catenis! Cum Catilina e catenis!
Catilina:	Iam solemni sacramento[45] coniurabimus. Cedo[46] cruorem gladiatorium! (*Nuntius intrat.*)
Nuntius:	Catilina! Cave Curium! Proditor est! (*Tumultus ingens oritur.*)

Scaena tertia

Cubiculum Ciceronis

Terentia	(*cum lucerna*[47]): Dormire non possum. Crucior[48] angoribus[49], ex quo consulis uxor sum. Video larvas[50] nec pellere valeo. Cicero autem somniat laureas[51] et triumphos –
	(*ianua pulsatur, Terentia exhorrescit*)
	Quis pulsavit?
Fulvia	(*ad fores*): Amica – Fulvia tua –

---

[37] **expilāre** ausplündern [38] **impudēns** schamlos [39] **exxagerāre** aufhäufen [40] **garrulus**, i m Schwätzer [41] **satelles**, litis m Spießgeselle [42] **repulsa**, ae f (Wahl)niederlage [43] **mendicus** bettelarm; Bettler [44] **expergisci** aufwachen [45] **sacrāmentum**, i n Eid [46] **cēdō** her mit . . . ! [47] **lucerna**, ae f Lampe [48] **crūciāri** sich quälen [49] **angor**, ōris m Angst [50] **larva**, ae f Gespenst [51] **laurea**, ae f Lorbeerkranz

Terentia: Lesbia et Canthara, aperite ianuam, at ilico[52] claudite! – – –
(*Fulvia intrat*)
Fulvia! Tam multa nocte! Vix bona affers –

Fulvia: Ignoscas, quaeso, Terentia, quod –

Terentia: Quid accidit mali? Exanimata es!

Fulvia: Non accidit, sed accidet extemplo –

Terentia: Loquere, obsecro!

Fulvia: Catilina …

Terentia: Catilina?

Fulvia: Rerum potitur –

Terentia (*introrsum*[53]): Cicero!

Fulvia: Hac nocte coniuraverunt de re publica delenda …

Terentia: Cicero!

Fulvia: Urbem Romam XII locis incendent! Eversuri sunt omnia –

Cicero (*intus*): Quianam consul Romanus e somno exterretur?
(*Terentia currit introrsus.*)

Fulvia (*caput velata*): Cruorem gladiatorium biberunt!
(*Cicero cum Terentia*)

Fulvia: Hodie multo mane introibunt ad te, Cicero, duo percussores[54] salutatum, Vargunteius senator et Cornelius ..

Cicero (*paulum obmutescit*[55]): Var – gun –

Fulvia: Et Cornelius. Cum militibus pedisequis!

Cicero (*promit*[56] *codicillum*[57]): O tempora! O mores! Sed testimonio opus est. Unde haec omnia nosti, Fulvia?

Terentia: A Curio, amatore suo ..

Cicero (*scribens*): Unde Curius haec cognovit?

Fulvia: Simulavit socius esse Catilinae. Iuratus mihi dixit se cuncta ipsius auribus hac nocte ex ore Catilinae audivisse.

Cicero (*scribens*): Et tu, Fulvia, iurabis Curium iurasse se cuncta ea audisse?

Fulvia: Egomet iuro per omnes deos ac deas!

Cicero: Romam scito te servasse, Fulvia!

Fulvia: Quae amicitiae ergo Terentiae patefeci, nolite cuiquam prodere! Si minus, ego sum moribunda[58].

Terentia: Nos vero repagulis[59] duplicibus ianuam curemus muniendam. (*abeunt*)

Scaena quarta

Prima luce. Ante domum Ciceronis. Vargunteius et Cornelius. Milites.

Vargunt.: Hic silentes manete, dum signum dedero! (*Caute ianuae appropinquat.*)

---

[52] **illicō** sofort [53] **intrōrsum** od. **-sus** nach drinnen [54] **percussor**, ōris m Mörder
[55] **obmūtēscere** verstummen [56] **prōmere** hervorholen [57] **cōdicillus**, ī m Notizbuch
[58] **moribundus sum** ich bin des Todes [59] **repāgulum**, ī n Riegel

Terentia: Noli te offerre percussoribus, amabo te[60]! (*Ci. et Ter. apparent in fenestra.*)

Cicero: Nullum periclum sine periclo vincitur. (*per fenestram subito volumen longum orationis suae deorsum*[61] *evolvens*)
O tempora! O mores! Pro deum hominumque fidem! Ubinam sumus? Ecce Vargunteius senator et Cornelius eques parricidae[62] consulis Romani!
(*Omnes fugae se mandant, dum volumen sursum*[63] *convolvitur.*)

Terentia (*coniugem osculatur*[64])*:* Alter Romulus es, mi Cicero!

Nuntius (*cum epistula*): „Antonius consul Ciceroni consuli collegae: Catilina ante lucem Roma evasurus est. Nonne prosequamur?“

Cicero (*scribens*)*:* Effugit, erumpit monstrum odiosissimum, sentina[65] Romae evanescit[66].

Scaena quinta

Catilina sedet in cella obscura, tacitus consilia secum volvens. Duo satellites cum facibus.
Intrat nuntius, qui a Catilina neglegitur et a satellite foras mittitur. Paulo post alter nuntius intrat.

Nuntius II: Cethegus et Lentulus in vincla coniecti..

Catilina (*subito iratus exsilit*)*:* Mentiris!
(*Tertius intrat nuntius.*)

Nuntius III: Manlius..

Catilina (*eius collum obtorquens*)*:* Ubi est Manlius?

Nuntius (*se expedivit*)*:* Manlius tres legiones habet coactos in proxima Etruria. Exspectat iussa..

Catilina: Cur non aggreditur? Quis me non prodit? Quis non perfugit ad istum Arpinatem?
Sed ego tenax[67] sum propositi, ego non desistam! Undique circumventus et proditus exeo hac cloaca et copias Manli contra urbem ducam. Incendam, diripiam, occidam!
(*abituro occurrit servula Orestillae*)

Servula: Epistulam Orestillae –

Catilina: Cedo! „Hostis patriae declaratus es! Egredere Roma celerrime, nisi mavis strangulari a carnificibus[68] consulum. Semper te amabo. Ores-“ (*cachinnum*[69] *tollit*)
Strangulari a Cicerone! Immo ille a Catilina strangulabitur! Ad Manlium! (*omnes abeunt*)

---

[60] **amābō tē** sei so gut! [61] **deorsum** nach unten [62] **parricida**, ae m Verwandtenmörder [63] **sūrsum** aufwärts [64] **ōsculari** küssen [65] **sentina**, ae f Bodensatz [66] **ēvānēscere** verschwinden [67] **tenāx**, ācis festhaltend [68] **carnifex**, ficis m n,. minis n Henker [69] **cachinnus**, ī m Gelächter

Scaena sexta

Ad pontem Mulvium. Primo vespere. Duo Allobroges et duo Romani conveniunt. Gabinius insidiatur cum militibus.

Allobrox A: Verstoht do ain alimannisch, lingua Alemannica?
Romanus: Ego paululum novi. Sed scio, quid habeatis propositi.
Allobrox B: Un ich bin satis peritus in lingua Latina – also los!
Romanus: Ubi sunt nunc copiae vestrae?
Allobrox B: Die sin nunc – öbe füfduusig Schritt vo do eweg.
Romanus: Optime. Catilina consul impetum vestrum ante lucem exspectat.
Allobrox B (*ad A*)*:* In aller Früeih müemer aagrife –
Allobrox A: Un wo? Un was?
Romanus: In foro Romano, ante curiam. Ego vobis viam monstrabo ab hoc ponte Mulvio.
Allobrox A: Wemmer numme nit der Ranze voll überchömme!
Romanus: Immo victoria certa est, quoniam nemo vos defendet.
Allobrox A: Mer wänn dernoh luege.
(*Gabinius cum Sallustio ex insidiis prodit.*)
Gabinius: Tune omnia accurate notavisti, Sallusti?
Sallustius: Accuratissume, ad verbum. Barbaris vocabulis exceptis.
Gabinius: Comprendite hos duo proditores iussu Ciceronis consulis atque abducite ad curiam –
Sallustius: In ipsa proditione manufesto[70] convictos!
Gabinius: Vos vero, hospites honestissimi, rogamus, ut nos ad consulem sequamini.
Allobrox A: Han is nit gsait? Welle isch jetzt Konsul? Katilina oder Kikero? In dem Rom isch e Saustall? Un die wänn üserais kommidiere! (*omnes abeunt*)

Scaena septima

Cicero somniat in cathedra sedens. Sibylla post eum accessit.

Sibylla: Gratulor tibi, Marce Tulli, cum omnibus bonis, quod Catilina ex urbe pulso rem publicam Romanam magno liberavisti periculo. (*Ciceronem coronat laurea.*) Merito aliquamdiu pater patriae vocaberis. Utinam ne quinque patricios cives necares atque id sine iudicio! (*Ciceroni lauream demit.*)
Frustra, Marce Tulli, laudator assiduus[71] tui ipsius tuique facti existes. Ira nobilitatis inplacabilis te persequetur, donec in exilium eiecto aqua et igni tibi erit interdictum.

---

[70] **manufēstō** handgreiflich [71] **assiduus**, a, um unablässsig

Triumphalis Romam reverteris, sed denuo irritus eris rerum publicarum[72]. Postremo autem — eheu! Miseret Sibyllam excessus tui! (*Lauream ei reddit.*) Solacio tibi sit, quod in omnibus gymnasiis atque academiis totius orbis terrarum orationes tuae legentur neque desinent pueri puellaeque ingemiscere[73]:

(*Germanice, Italiane, Anglice, Gallice singuli discipuli vel discipulae recitant sua quisque lingua*)

„Quousque tandem abutere, Cicero, patientia nostra?"

Cicero (*somnians*): O Terentia! Haud vana fuerit vita mea: Iuventus barbarorum recitat orationes meas!

Postscriptum: Quidam de auctoritate Ciceronis metuentes moneantur Socratem ne Nubibus quidem imminutum esse. K.

---

[72] **irritus r. p.** von der Politik enttäuscht [73] **ingemiscere** aufseufzen